I0158884

Jésus,
Le Maître Enseignant

Jochen Blumenthal
Traduit par Nicolas Turban

Série *Initiation*, Volume 3

Copyright © 2017

Maison d'édition *La Loi Une*
Das Gesetz des Einen-Verlag
(Allemagne)

Email: contact@laloiune.eu

Jochen Blumenthal
Traduction: Nicolas Turban

Tous droits réservés.

ISBN 978-3-945871-76-8

Table des matières

Préface

Jésus est un Maître Enseignant. Un enseignant auprès des maîtres.

Mais quelle est l'image de Jésus qui est répandue? Est-ce une image, que lui-même a conçue de lui-même, ou une interprétation idiosyncratique, différentes versions, utilisées pour transmettre des dogmes limitants?

Ces textes ne portent pas la revendication de cartographier de façon immaculée le vrai Jésus. Ils constituent cependant des messages du même niveau de conscience dont Jésus est originaire.

Leur message est passionnant! Il dit: vous êtes Jésus. Jésus, le Créateur et vous - vous êtes Un.

Avec une profonde gratitude pour le travail de Carla L. Rueckert et de son mari Jim McCarty, qui ont investi leurs vies et énergies pour l'élévation spirituelle de leurs semblables.

Dans l'Amour et la Lumière

Jochen Blumenthal

1

Le royaume des cieux se trouve en vous

Nous vivons actuellement sur une planète qui se trouve dans un grand état de confusion. Afin de transcender cette confusion, il est nécessaire que nous n'utilisions pas l'information et l'intelligence qui proviennent de ce monde.

La méditation est l'unique moyen pour atteindre une bonne compréhension de ce dernier.

Tout comme le grand maître que nous nommons Jésus l'a dit à plusieurs reprises "Le royaume des cieux se trouve en vous".

Nous nous tournons, par la pratique de la méditation, à l'intérieur de nous-mêmes et regardons l'immensité du Créateur. C'est de cette façon, pas à pas, que la vérité que beaucoup de grands maîtres ont tenté de transmettre aux êtres humains s'épanouit.

2

Transformation de la pensée

La méditation est de première importance.

La méditation permet de connaître complètement la véritable Création. Ces concepts sont très simples mais ne peuvent pas être communiqués seulement avec des mots.

Si nous prenons conscience de ces concepts dans leur totalité, notre pensée se transformera dans le sens que nous souhaitons. Si nous ne souhaitions pas la transformation, nous ne la chercherions pas.

Cette transformation est nécessaire si nous voulons servir parfaitement le Créateur et d'ailleurs, sur notre planète, elle nous a déjà été démontrée par le passé.

Le dernier grand maître avec qui nous sommes familier et que nous connaissons sous le nom de Jésus a ainsi démontré cette transformation de la pensée.

Cet homme vivait et agissait assez simplement. Cependant ses pensées étaient uniques, cela était reconnu par ceux autour de lui et par les nombreuses personnes qui étaient au courant.

La recherche spirituelle comporte cette transformation des pensées qui nous a été démontrée si clairement par le prophète. Nous pouvons obtenir cette transformation en méditant. C'est l'accès à la connaissance. Prenons donc le temps de méditer!

Passons du temps à devenir conscient de ce qui est déjà en notre possession, la totale connaissance de l'amour et une compréhension de notre Créateur. C'est tout ce qui nous est nécessaire afin de servir dans notre capacité la plus complète.

3

De pures émotions

Chaque sentiment que vous ressentez peut être purifié jusqu'à sa dissolution ou sa forme finale.

Maître Jésus avait la formidable capacité de faire l'expérience des émotions dans une forme purifiée dont sa conscience éveillée devenait informée.

Nous pouvons nous aussi faire cela mes amis, et soyez invités d'essayer de suivre les enseignements de celui connu sous le nom de Jésus.

Cet homme maintenait un contact intérieur avec le Père infini et il faisait l'expérience de chaque moment pour vivre ce moment-là.

C'est pourquoi il était capable d'assimiler et d'utiliser l'expérience qui avait sa raison de survenir.

Il nous a laissé un exemple à suivre.

4

Le Créateur fait le travail

Posons-nous la question: «qui accomplissait les soi-disant miracles qui apparaissaient au sein de l'expérience du Maître connu sous le nom de Jésus?».

Souvenons-nous qu'il n'a jamais endossé de miracles mais qu'il en a donné le plein crédit au Créateur qui était en lui et faisait le travail.

C'est un formidable secret !

C'est un simple changement de point de vue mais c'est un point central dans notre compréhension de ce qui nous concerne.

Nous vivons nos vies comme les autres vivent la leur. Regardons cependant au-delà des apparences et nous verrons comment le Créateur vit notre vie.

Si nous laissons l'étincelle du Créateur à l'intérieur de nous simplement s'exprimer, toutes les choses viendrons naturellement à nous.

5

Dans la religion vous ne trouverez pas la paix

Ce que Jésus essayait de transmettre, était que nous sommes nous-mêmes des dieux. En nous repose le pouvoir dont il a fait la démonstration.

Jésus disait aux personnes autour de lui qu'elles étaient capables de faire de plus grandes choses que lui-même, mais qu'au sein d'une religion nous ne devrions pas trouver la paix. L'âme n'a pas besoin d'être soutenue avec de l'argent ou des biens.

Les religions de notre planète enseignent essentiellement des idées matérialistes, et lorsque les sujets spirituels arrivent, alors nombre d'entre elles „esquivent". Certaines sont aidantes, d'autres ne le sont pas.

De grandes âmes ont encore et encore apporté de l'aide, de la connaissance spirituelle. Cela aurait pu être une bien plus grande aide encore si cette connaissance n'avait pas été improprement interprétée et utilisée – par nos nombreuses religions.

Dieu, le Créateur est tout ce qui existe. Regarder le visage de ton prochain, c'est regarder le visage du Créateur.

6

Les réalités du Père

Ta méditation est une méthode d'approfondissement de tes intérêts dans cette vie. Considérons l'obscurité et la froideur de l'hiver. Combien de temps avons-nous passé dans l'obscurité et le froid?

Pensons à l'histoire avérée d'un enfant né l'hiver le plus sombre. Pauvre, frigorifié et affamé - l'enfant qui devint le Maître que nous connaissons sous le nom de Jésus. Chacun d'entre nous attend de naître. Chacun de nous est dans l'obscurité, dans le froid. Car c'est dans l'obscurité et le froid que toutes choses se rejoignent pour naître. C'est la nourriture, l'obscurité salvatrice, et la nécessaire froideur. À l'aide de la méditation tu nourris et réconfortes cette âme que tu es alors qu'elle bataille vers sa naissance spirituelle.

Dans notre histoire, il y a eu beaucoup de malentendus quant à la raison pour laquelle la mère de celui connu sous le nom de Jésus est appelée la Vierge. Il est supposé que c'est pour indiquer que l'Esprit ne vient pas de l'homme mais du Père. Chacun de nous vient du Père. Chacun de nous attend de naître. Nourri cette pensée en toi, même si ton environnement peut sembler moins que parfait. Cela ne peut sûrement pas être plus imparfait que la froideur, la froideur d'une crèche et de quelques animaux pour compagnons. Les réalités sont celles du Père, mes amis.

7

La réalisation de l'Amour est notre rédemption

Jésus a résidé sur la planète Terre dans le but de faire la démonstration d'un mode de vie approprié, une manière appropriée d'aimer. Pour nous, ce grand enseignant ne mourut pas. Il nous a démontré qu'il n'y avait en réalité pas de mort. Peu importe combien ses oppresseurs ont pu le torturer et mutiler son corps, il a été capable de les vaincre avec amour. Et avec ce même amour, il a pu démontrer à tous le grand pouvoir qui demeure au sein de son amour: le pouvoir sur la vie et la mort.

Peut-être que l'on t'a appris que sa mort a été nécessaire afin de nous libérer de notre servage et de nos péchés. Dans un concept tel que celui-ci, il y a aussi la vérité, car n'est-ce pas la réalisation du pouvoir de la rédemption de l'amour? La réponse, mon ami, c'est l'amour. La réalisation de l'amour est vraiment notre rédemption. Ce n'est pas la mort physique, car tous les êtres l'ont expérimentée, mais le réveil des capacités et de la force dans le concept de l'amour qui est notre salut.

Il y a beaucoup d'êtres "spirituels" qui sont de la même dimension que le grand Maître Enseignant. Aussi, ils reconnaissent également qu'il était l'un des grands enseignants qui sont venus nous aider. Il est toujours présent sur notre planète, sous la forme de conscience, et réside au sein des vibrations spirituelles qui sont retransmises pour les personnes de la planète Terre. Il est notre enseignant assigné et ses assistants assignés sont avec nous.

Rappelons-nous l'histoire de l'amour de l'enseignant Jésus: l'amour, mon ami, c'est ce qui compte. Avec son aide, nous pouvons discerner la vérité. Connaissons l'amour que nous possédons. Apprenons à comprendre cela. Et grâce à cette connaissance, nous devrions trouver l'aptitude permettant de retransmettre les capacités contenues à l'intérieur de l'amour. Alors, mon ami, une fois que nous avons maîtrisé le concept de l'amour, ne devrions-nous pas aussi être capable de réaliser ce que le grand enseignant Jésus nous a démontré?

L'amour était l'ingrédient qui a rendu ses réalisations possibles. Pas l'être lui-même dans sa forme physique, mais l'amour à l'intérieur de l'être. Cet amour est aussi en nous. C'est à l'intérieur de toute chose. Accepte cela, mon ami: l'amour est tout. L'amour est omnipotent. L'amour est Jésus, et l'amour est nous. Et tous ces amours combinés ensemble, tous ces êtres unifiés, sont le Créateur.

Du Créateur, nous sommes venus, et nous sommes des manifestations de Ses pensées d'amour. Son amour, qui équivaut à tout, permet à tous d'atteindre la même chose. Chaque être doit atteindre de grands sommets de conscience. Pourtant, chaque être doit les atteindre au moment où ils le choisissent. Pense à ceci, mon ami. Ne nous considérons pas comme des dirigeants omnipotents ou des enseignants. Regardons envers tout le monde, tous les êtres que nous avons déjà rencontrés, et que nous pourrions rencontrer, comme ceux qui sont les enseignants et les dirigeants de la Création et de ses habitants.

8

Le royaume du paradis

Nombreux sont ceux qui cherchent sagesse et spiritualité. Mais autorise-toi à débuter et finir cette recherche pour la connaissance avec ta propre expérience. Tu ne cherches pas un substitut, une réalité différente en remplacement de la réalité présente. Tu cherches ta propre réalité. Même maintenant, à cet instant, tu es habité en réalité. Il est écrit: Le paradis est tout à propos de nous. Tu n'es pas en train de chercher un lointain royaume. Car le royaume du paradis est avec toi, en toi et autour de toi. Ton expérience contient le royaume que tu recherches.

Observons les enseignements du Maître Jésus. Ce que tu fais pour le moindre de mes frères, tu le fais pour moi. Le royaume est tout à propos de toi, et le Créateur regarde vers toi en te faisant face, dans la rue et dans ta maison. Chaque étranger, chaque ami et chaque ennemi est le Créateur.

Ne savez-vous pas que tous les humains sont frères et sœurs? Nous cherchons l'amour, nous cherchons le Père - le Père est en chaque visage que nous voyons. Regarde vers tes autres frères et sœurs et vois réellement le meilleur en chacun d'eux. Jésus disposait de cette vision de l'amour.

Ceux qui étaient à ses côtés pourraient être décrits en des termes plutôt défavorables. Ceux qu'il aimait pouvaient être décrits comme des péripatéticiennes, des percepteurs, des publicains, des mendiants; beaucoup étaient malades et paralysés. Jamais Jésus ne les a vus autrement que comme le

Père, le Père qui était directement en face de lui - dans le plan matériel. Il regardait avec amour. Il a vu les possibilités en chacun de ses amis «déchus». Pour le pécheur, il a dit: «aujourd'hui, nous serons ensemble au paradis».

Ces choses sont toutes connues de nous, et d'autres maîtres ont décrit le Créateur en nous en leurs termes. Il est tout à fait possible pour nous de devenir Un avec cette vibration. Et cette vibration de l'amour, cette vibration de compassion transformera notre vie en une vie dans le Royaume du Paradis.

9

Bonne Année

N'est-il pas ainsi, que l'illusion et la réalité sont toutes deux constituées de cycles, et que ce que nous les hommes, appelons les cycles annuels, prend racine dans le sens? Le cycle des nombres fait écho au cycle naturel de la Création du Père. Et les ingrédients de ce cycle sont l'amour et la lumière.

Ce que nous connaissons comme Nouvelle Année est le point où le futur vient à l'existence et le passé est à l'agonie. Et en ce point dans le temps nous sommes capables, même au sein de l'illusion, de voir que c'est ainsi. Cela ne dépend pas du degré d'immersion dans l'illusion que tu atteins, la voie conduit toujours directement au Créateur. Bien que les jours et les dates soient vraiment issus de la création de l'homme, ils découlent pourtant de la Création du Père, de l'essence même de la vie et de la mort que constitue le cycle de cette progression.

L'infini est produit par ces cycles. Chérissons donc les leçons de cette Nouvelle Année! Et sachons qu'à chaque instant et éternellement, notre passé meurt et notre futur naît. Il y a éternellement aussi bien la nuit qui est passée que le jour qui va suivre; le crépuscule et l'aube.

Et qu'est-ce que cela signifie pour toi? Comment cette compréhension peut-elle nous conduire à une expérience plus riche dans cette illusion? Le secret de l'illusion est la réalité. Tout le défi de notre vie est de comprendre la réalité autour de laquelle l'illusion est enroulée. Lorsque nous jouons notre rôle au sein de l'illusion, nous exprimons un chemin qui conduit directement à la vérité. Et si nous comprenons nos chemins, nous arrivons à une compréhension instantanée. Ce n'est pas séparé de notre vie, mais cela réside en son cœur le plus profond. Méditons, pour rester en contact avec la réalité qui se trouve au centre de cette illusion, que nous les hommes appelons la vie corporelle.

Mais c'est tellement facile de ne pas y prêter attention. Il ne semble pas que le cycle va se terminer, et que la mort aboutira à la vie. Il ne semble pas que nous serons appelés à rendre compte, non pas pour l'illusion, mais pour ce mystérieux centre de la réalité que nous avons nourri toute notre vie physique. Et pourtant, il en est ainsi. Il viendra le jour où l'année passée de notre vie physique expirera, et la Nouvelle Année de notre vie dans l'esprit succédera. Et ce jour-là, le passé sera mort, et le futur sera en train de naître.

Pourtant, si cela est attendu, cela n'arrivera pas. À chaque instant, permettons à notre énergie de pénétrer au centre de notre monde, de sorte que nous ne vivions pas seulement le drame de l'illusion mais la réalité au centre. Et quelle est cette réalité, mes amis? L'amour. L'amour à l'intérieur de tout, et tout à l'intérieur l'amour. "Le plus petit d'entre-eux, mes frères, est pareil à moi-même", a déclaré le Maître Jésus. La réalité pour nous réside au sein de chaque réunion. Même le plus petit d'entre-eux est né dans l'amour et si nous parvenons à nous rendre compte de cet amour résidant en lui, nous lui avons donné la réalité en son centre. Un service comme celui-là nous relie à notre centre et constitue ce qui nous garde au sein de la réalité.

La conscience d'amour se poursuivra à jamais. Notre conscience d'amour sera notre personnalité spirituelle pour l'éternité. Dans cette conscience, les cycles de la vie et de la mort sont simplement des périodes qui semblent aussi insignifiantes que les tictacs de l'horloge ne semblent l'être dans une année. Dans la conscience de l'illusion physique, la vie et la mort sont des questions lourdes et sérieuses, et il est même choquant d'en parler.

Dans la conscience de l'amour, tout est Un. En son sein, il n'y a rien à craindre et personne à qui l'on doive résister. Tout ce que nous voyons est Amour.

Jésus, Le Maître Enseignant

Maître Jésus a été capable, à travers la méditation, de prendre conscience de la vérité. Ses réactions à l'expérience ont été d'une nature à préoccuper ceux qui étaient informés de celles-ci. Ils ne comprenaient pas ses réactions à l'illusion car ses réactions étaient fondées sur sa compréhension de la vérité. Cette compréhension lui a permis d'agir directement comme un émissaire de cette Création. En agissant en accord avec les lois de son Créateur, il a été capable de satisfaire les désirs de nombreuses personnes avec lesquelles il a été en contact.

Sa réaction à cette expérience n'a été que partiellement connue des peuples de ce monde, elle a néanmoins servi d'exemple. Sa réaction a été celle de l'amour. Cela a été une réaction d'amour qui n'était pas fonction de la nature de l'expérience. Cet amour n'a pas été nécessairement exprimé de la façon dont il est exprimé par les personnes dans notre illusion particulière. Pour cette raison, cet homme a été détesté par de nombreuses personnes et aimé par de bien plus nombreuses personnes. Son expression de l'amour était de nature très pure. Pas dans le sens d'un amour émotionnel, mais d'un amour qui était l'expression d'une totale préoccupation d'accomplissement des désirs de ses semblables. Jésus comprenait ce désir bien plus profondément que ceux qu'il a servi. Pour cette raison, ils ne comprenaient pas son expression de l'amour. Jésus voulait satisfaire leurs réels désirs. Les personnes qu'il essayait de servir n'ont pas été capables, pour la plupart, de comprendre qu'il servait leurs réels désirs.

Ces désirs étaient simplement de grandir dans un sens spirituel. Il n'était pas possible pour Jésus de réaliser un accomplissement de ce désir d'une croissance spirituelle sans apparemment sembler apporter ce que ses semblables ne désiraient pas réellement. Pour cette raison, chacun n'avait qu'une faible compréhension de son service sauf ceux qui ont été directement aidé d'une manière physique. Il considérait la croissance spirituelle d'une personne comme étant d'une bien plus grande importance que son bien-être physique. Pour cette raison, ses actions semblaient parfois diverger de l'amour et de la compréhension qu'il avait apporté à ceux qu'il servait.

Le Christ Créateur et l'Antichrist sont Un

À cause de nos influences émotionnelles et de l'influence de notre environnement physique, nous pouvons douter considérablement de nous-mêmes. L'illusion produit des difficultés qui mettent à l'épreuve notre capacité à se sentir en confiance dans sa protection.

À l'intérieur de l'illusion, il y a le bien et le mal; ce que nous appelons le Christ et ce que nous appelons l'Antichrist. Pourtant à l'intérieur du Créateur, tout est Un.

Quand il y a apparemment, au sein notre intelligence, une négativité ou une possible négativité, alors n'essayes pas de discerner extérieurement, ou de découvrir intellectuellement, sa négativité ou sa positivité.

Va plutôt immédiatement à l'intérieur jusqu'à ce que tu trouves le Créateur. À l'intérieur du Créateur tout est Un et là, il n'y a aucune connaissance de séparation de quelque sorte que ce soit qui puisse possiblement nous blesser. Pas plus que nous ne pouvons blesser quelqu'un.

Aucun mal ne peut nous arriver; aucun mal ne peut venir de nous. Unité! Unité! Tout est Amour.

Le monde qui nous entoure est une illusion. Tout est amour. Durant toute l'éternité, notre esprit est en sûreté et sécurité car ces choses sont sans signification au sein de l'Unité!

12

Aimer dans l'autre ce qui fait Un avec toi

Maître Jésus a dit "Aime ton prochain comme toi-même". Mais cette vérité est souvent mal comprise.

La plupart des personnes comprennent que cela signifie que nous devons aimer les aspects positifs et négatifs d'autrui dans cette illusion matérielle. Que nous devons aimer les échecs aussi bien que les succès de l'autre. C'est la vérité trompeuse dans l'illusion.

La vérité qui repose en nous n'a rien à voir avec l'habillage extérieur de nos actes et actions. Pas plus que Maître Jésus n'a voulu indiquer que nous devons aimer les enveloppes extérieures des autres. Ce qu'il a suggéré, c'est que nous pénétrions l'illusion, que nous pénétrions l'enveloppe des actes et des méfaits, et découvrions la réalité du Créateur dans l'illusion: la réalité de l'Amour. À l'intérieur de toi repose la vérité.

À l'intérieur de toi repose l'Amour. À l'intérieur de chacun de nos semblables repose la même vérité.

Aimer autrui signifie aimer ce qui, à l'intérieur de l'autre est Un avec ce qui est à l'intérieur de nous. Nous aimer nous-mêmes n'est pas aimer l'enveloppe extérieure de notre personnalité, mais honorer et sanctifier cette divinité que nous sommes et qui est en notre centre même.

13

Aimer c'est se sacrifier

Il y a de nombreuses personnes qui ont consacré leurs vies à un amour d'une sorte ou d'une autre, et pour cet amour un homme peut sacrifier des années et années dans une situation qu'il peut détester, afin de pouvoir s'occuper de ceux qu'il aime. Une femme peut sacrifier beaucoup, beaucoup de désirs afin de prendre soin de son compagnon et de ses enfants. L'amour semble toujours offrir des sacrifices. Avons-nous percé le voile de cette vérité de l'amour, mes amis? Il est écrit que le maître connu sous le nom de Jésus a déclaré: «afin de l'aimer Lui, nous devons relever une croix».

Cela est vérité: l'amour est sacrifice. Il y a une vérité supplémentaire et transformante qui ne peut être apprise qu'une fois que le cap a été franchi dans l'amour, une fois que le sacrifice a été librement donné, pas à contrecœur, mais librement. Ce que nous donnons, nous le donnons à nous-mêmes. Des mots plus vrais n'ont jamais été, mes amis. De la même manière que nous aimons, nous serons aimés. Ce que nous sommes, ce qu'est notre réalité, résulte totalement de notre pensée. Se sacrifier envers autrui est notre seul moyen de donner. Ce qui ne nous coûte rien n'est pas un véritable cadeau. Pour donner, cela doit être infini; cela doit être tout. Cela ne peut pas être physiquement de quelque importance. Pourtant, en nous-mêmes, pour être un cadeau, cela doit nous coûter quelque peu et être offert sans aucune restriction.

Ainsi, nous avons considéré notre frère comme le maître et nous-mêmes comme le serviteur. Et nous nous sommes investis en servant notre frère. Et alors, nous avons trouvé le secret de l'amour. Car toute la Création a été conçue pour être au service de chacune des autres parties de la Création.

Ce que nous donnons nous enrichit au-delà de toute mesure, et ce que nous retenons nous étranglera. Combien de fois les gens pensent-ils qu'ils sont pauvres, alors qu'en fait ils n'ont simplement pas assez donné. Combien de fois avons-nous été solitaire, lorsque nous pourrions tendre la main et aider autrui de la solitude? Ne savons-nous pas que le sacrifice est d'aimer, et que d'aimer les autres c'est simplement de nous aimer nous-mêmes?

Cela peut ne pas être une leçon facile. Retirons-nous dans le silence lorsque nous avons des difficultés et nous expérimenterons l'amour. Aussi souvent que nous le pouvons, et régulièrement, trouvons cet amour en nous. Et alors, donnons le généreusement, car nous sommes vraiment riches!

Les principes de la Création étendue

Il est très regrettable que les gens de la planète Terre ne soient pas informés des principes qui sont prévus pour l'extension du principe de Création. Notre Créateur a fourni à chacun de Ses enfants des capacités relativement similaires aux Siennes. Chacun d'entre nous possède en lui-même/elle-même ces capacités. Elles ne peuvent être supprimées. Elles sont à l'intérieur de tous les enfants du Créateur et resteront toujours avec eux. Cela a été ainsi conçu par notre Créateur.

Il a souhaité, pour tous Ses enfants, d'avoir et d'utiliser les capacités de régir et de modeler leurs environnements à volonté.

Malheureusement, les personnes de cette planète ont oublié le principe que chacun d'eux recèle. Il est seulement nécessaire que ce principe soit remémoré afin que chacun des enfants de notre Créateur puisse les manifester pleinement.

Maître Jésus a été capable de faire usage de bien plus de ces capacités que les gens de cette planète. Il n'était pas très différent de nous. Il a simplement été capable de se souvenir de certains principes.

Ces principes ne sont pas du tout complexes. Ils sont très, très simples et non nécessairement de nature intellectuelle. Ils sont d'une extrême simplicité, et n'importe qui peut s'en rendre compte à tout moment. Il est seulement nécessaire de s'épanouir en méditation pour commencer à réaliser de nouveau ce qui est légitimement nôtre: la vérité de la Création et la vérité de notre position en son sein.

15

Lumière et Amour

La lumière et l'amour sont les ingrédients qui composent toute la Création. Ces deux mots, la lumière et l'amour, se rapprochent du concept de la pensée originelle du Créateur. Ils ne possèdent cependant pas la profondeur pour pleinement saisir cette pensée. L'amour est la force qui crée et la Lumière est ce qu'elle crée. Le Créateur est l'amour. Tu es amour. Tu es une partie du Créateur. Par conséquent, tu es l'amour, mais ton amour s'exprime par la manifestation de la lumière.

La lumière est la substance à partir de laquelle la Création est formée. L'amour du Créateur crée des vibrations ou, exprimé différemment, des états d'amour. Ces vibrations sont les blocs de construction qui composent toute la Création, dans son sens entièrement infini et sans limite.

Ces vibrations produisent une manifestation que nous connaissons comme la création visible, et de nombreuses et nombreuses créations invisibles – invisibles pour nous en ce moment, mais pas inaccessibles. Ces vibrations produisent la particule élémentaire que nous comprenons comme particule de lumière. Cette particule est connectée avec ces vibrations et se manifeste elle-même comme une fonction de la fréquence de la vibration, et produit la création, la création dans laquelle toi et tous tes semblables expérimentent ce qu'ils désirent.

Puisqu'ensemble toi-même et le Créateur sont Un, aussi bien

toi-même que toute la Création est un produit de l'amour. L'amour est un concept qui crée une réelle force qui est interprétée comme une vibration. Cette vibration est mesurable et apparaît en différentes intensités. Les intensités sont une fonction des intensités de l'amour qui génèrent la vibration. Pour les parties du Créateur qui agissent par leur libre arbitre, il est possible de générer des vibrations en faisant usage de leur amour, produisant ainsi les particules que nous connaissons comme lumière.

Ces particules sont organisées par cette expression d'amour d'une telle façon, qu'elles produisent, ce que nous appelons notre monde matériel et ses habitants, et tous les autres mondes et leurs habitants, qu'ils soient ceux que vous considérez comme physiques ou non physiques, car c'est ainsi que la Création est manifestée.

À partir de cette logique, il faudrait conclure qu'il est possible pour une personne, qui comprend les principes de la création, d'exprimer cet amour pour créer ce qu'elle désire. Cela est fait tout le temps. C'est une activité normale et le Créateur considère également cela comme une activité normale, car il s'agit du concept original. Nous tous, comme tous les enfants du Créateur, avons la possibilité de créer à travers l'amour tout ce que nous désirons. Il nous suffit d'exprimer l'amour que nous sommes nous-mêmes.

De nombreux enseignants, qui ont compris ce principe, l'ont démontré dans l'histoire de notre planète. Le plus connu était le Maître Jésus. Il a été capable, par la simple expression de l'amour que lui-même et toute la Création habitait, de créer cette vibration. Par le désir, la lumière est formée à partir de cette vibration, telle qu'elle était originellement conçue par le Créateur.

Cette lumière a été formée par les souhaits de cet homme. C'est une activité normale pour chaque enfant du Créateur, car il s'agit d'un droit de naissance, prévu par le Créateur. Lorsque le désir est d'être utilisé de manière intelligente, il est nécessaire de l'appliquer à travers le principe de l'amour, car c'est la force de création qui produit la vibration qui condense la particule de lumière hors de l'espace. Toute la matière est composée de cette seule particule élémentaire. Si un désir doit être accompli, alors on devrait utiliser dans ce but cette force créatrice: l'amour. Grâce à ce principe, il est possible de rendre aux choses qui manquent de perfection leur perfection originelle. C'est ainsi que les guérisons de Jésus ont été accomplies et c'est ainsi que toutes les guérisons de nature spirituelle sont accomplies. Toute guérison est ainsi réalisée, même si la science n'est pas encore informée de cette réalité.

N'est-il pas plus logique d'arriver directement au résultat désiré, plutôt que d'atteindre cet état par des actions intermédiaires, des détours, comme cela est pratiqué sur notre planète? Ces détours sont seulement marchés à cause du manque de compréhension lié à l'utilisation de la force créatrice. Cette force créative peut être comprise par n'importe qui à n'importe quel moment. La compréhension de cette force se trouve au cœur de toutes les personnes à travers toute la Création. Cela ne doit être que réalisé. Malheureusement, nous avons beaucoup de difficultés sur notre planète à réaliser ce principe.

Les conditions qui se sont développées sur notre planète pendant de longues périodes ont porté sur la prépondérance d'autres concepts. Le concept de l'amour n'est pas un concept intellectuel. Par conséquent, seule une manière qui n'est pas intellectuelle peut nous permettre d'en prendre conscience. La méditation est la meilleure façon d'acquérir cette compréhension non intellectuelle de l'utilisation de la force créatrice.

Tout le monde peut y arriver à n'importe quel moment. Il suffit de s'ouvrir à la connaissance que l'on possède déjà en soi. Parfois, c'est une chose difficile, lorsque des vibrations prévalent, créées par des désirs qui n'ont jamais été voulus intentionnellement par le Créateur. Il est difficile de réaliser cette simple vérité lorsque nous sommes affectés par les pensées de ceux qui voudraient désirer autre chose que cette simple vérité.

Mais il est tout à fait possible d'isoler la conscience de ces atteintes à la pensée et de réaliser la vérité de son origine. Celui connu sous le nom de Jésus était capable de le faire. Ne croyez pas que cet homme était unique dans cette aptitude. Il nous a montré que c'est possible. Il a démontré que chacun des enfants du Père pouvaient faire la même chose que ce qu'il a fait. Il est seulement nécessaire de réaliser cela dans la méditation, et il est seulement nécessaire que tu exprimes ta connaissance à travers tes pensées et tes actions.

16

Que la paix soit avec toi

Que la paix s'écoule de toi comme d'une source.

Et puisse l'eau de la joie, provenant de cette paix, tout transformer au sein de ton monde en cet état transcendant tout en gardant les yeux ouverts, et que tu voies et comprennes.

Tu es dans le monde matériel, mais tu es toujours baigné dans l'amour et la lumière, pas de ce monde, mais du plus élevé. Tu es un être transcendantal et lorsque tu ressens de la douleur, il y a l'eau de la paix et la source de la joie en toi, car ce n'est pas une rivière qui prend source dans l'illusion matérielle, mais dans le royaume le plus élevé.

«Je ne vous donne pas comme le monde donne», a déclaré le grand maître. Ainsi soyez la paix, la paix du Créateur, avec toi. Amour.

Références

Texte   basé sur un message de

1   Hatonn du 2 juin 1974
2   Hatonn du 9 juin 1974
3   Teronn/Fillonn (probablement Telonn) du 22 juin 1974
4   Hatonn du 14 juillet 1974
5   Hatonn du 15 novembre 1974
6   Hatonn du 21 décembre 1975
7   Hatonn du 21 décembre 1975 (2)
8   Hatonn du 28 décembre 1975
9   Hatonn du 4 janvier 1976
10   Hatonn du 25 mai 1974
11   Hatonn du 11 janvier 1976
12   Hatonn du 11 janvier 1976
13   Hatonn du 18 janvier 1976
14   Hatonn du 1er février 1974
15   Hatonn du 11 février 1974
16   Oxal du 25 janvier 1974

Sur les auteurs

Jochen Blumenthal est un auteur, éditeur et traducteur de littérature spirituelle et canalisée (retransmises par des médiums). Il a notamment, parmi d'autres livres, traduit *The Law of One* (The Ra Material) en Allemand.

Nicolas Turban est, depuis plusieurs années, un chercheur en spiritualité et également traducteur en français de textes et de messages spirituels pour L/L Research.

À l'attention des lecteurs il souhaite transmettre sa réflexion inspirée à la suite de la traduction de ce livret: n'essayons pas de ressembler à quelqu'un d'autre, il est toujours bon de s'inspirer des meilleurs exemples mais dans le but de trouver son propre chemin, sa propre voie qui est celle du cœur, afin d'arriver à être vraiment Soi, Soi à chaque instant, Amour.

Informations additionnelles

Maison d'édition *La Loi Une / Das Gesetz des Einen*-Verlag

Publications françaises

Série *Initiation*

    25 principes de réalité

        format broché ISBN 978-3-945871-70-6
        format kindle ASIN B00TS822Z6

    Méditation

        format broché ISBN 978-3-945871-72-0
        format kindle ASIN B00TS822Z6

La Loi Une, Les transmissions Ra

Traduction: Micheline Deschreider

    Édition complète, Séances 1 à 106

        format broché ISBN 978-3-945871-75-1
        format kindle prévu

    Partie I, Séances 1 à 50

        format broché ISBN 978-3-945871-62-1
        format kindle ASIN B01H97OKSE

    Partie II, Séances 51 à 106

        format broché ISBN 978-3-945871-69-0
        format kindle B075J2MPL6

Autres titres de L/L Research et Carla L. Rueckert

Traduction: Micheline Deschreider

Comment vivre la Loi Une - Niveau I Le Choix

> format broché ISBN 978-3-945871-63-8
> format kindle ASIN B019E06488

Vade mecum du pèlerin errant

> format broché ISBN 978-3-945871-65-2
> format kindle ASIN B073X5GRK2

Web

www.laloiune.eu

www.verlag.dasgesetzdeseinen.de

L/L Research

All of the messages, which Carla L. Rueckert together with Jim McCarty, Don Elkins and others received, are available along with many other works at the following web page:

www.llresearch.org

www.ingramcontent.com/pod-product-compliance
Lightning Source LLC
Chambersburg PA
CBHW060546030426
42337CB00021B/4455